Constanze Guhr
Anna Zimmermann

# DAS KUNTERBUNTE NATUR BASTELBUCH

Für Anton, Bruno, Elias

Constanze Guhr (1975) hat Bildende Kunst an der HdK Berlin (heute UdK) und Sonderpädagogik an der Humboldt Universität studiert. 2004 gründete sie zusammen mit anderen Illustratoren das »Atelier petit4«, wo sie bis heute Bücher für Kinder und Erwachsene, Kalender und Postkarten illustriert und gestaltet. Constanze Guhr lebt mit Mann und Kind in Berlin.

Anna Zimmermann (1971) studierte an der HdK Berlin (heute UdK) bei F.W. Bernstein Bildende Kunst. Sie machte sich im Anschluss als Illustratorin selbständig. Sie lebt mit ihrer Familie in Berlin und illustriert im Atelier »Fliegende Fische« Bücher und Zeitschriften, Postkarten, T-Shirts und Frühstücksbrettchen. In letzter Zeit streift sie gelegentlich durch Wälder, Felder, Parks und an Seen entlang, um schöne Bastelmaterialien zu finden.

Fotos, Objekte, Illustrationen: Anna Zimmermann und Constanze Guhr
Gestaltung und Layout: Constanze Guhr

Lektorat: Katrin Korch, D-Baden-Baden

Bibliografische Information der Deutschen Nationalbibliothek
Die Deutsche Nationalbibliothek verzeichnet diese Publikation in der Deutschen Nationalbibliografie; detaillierte bibliografische Daten sind im Internet über http://dnb.dnb.de abrufbar.

ISBN 978-3-258-60144-1

www.haupt.ch

Wünschen Sie regelmäßig Informationen über unsere neuen Titel zum Gestalten? Möchten Sie uns zu einem Buch ein Feedback geben? Haben Sie Anregungen für unser Programm? Dann besuchen Sie uns im Internet auf www.haupt.ch.
Dort finden Sie aktuelle Informationen zu unseren Neuerscheinungen und können unseren Newsletter abonnieren.

Gedruckt in Österreich

MIX
Papier aus verantwortungsvollen Quellen
FSC® C012536

Constanze Guhr
Anna Zimmermann

# DAS
# KUNTERBUNTE
# NATUR
# BASTELBUCH

HAUPT VERLAG

# INHALT

# FRÜHLING

# SOMMER

# Herbst

# Winter

# Materialien und Zutaten

Verwenden könnt ihr alles, was ihr draußen so findet. Manche Dinge gibt es aber auch im Haushalt oder in der Werksatt, zum Beispiel Korken oder Holzreste.

Ihr findet die meisten Dinge in Gärten oder Parks, auf einem Waldspaziergang oder im Urlaub am Meer. Wenn ihr erst mal anfangt, schöne Sachen zu suchen, werdet ihr schnell merken, dass ihr immer mehr findet.

Wichtig ist, dass alles schön trocknet, bevor ihr es benutzt, sonst kann es schnell anfangen zu schimmeln oder zu stinken.

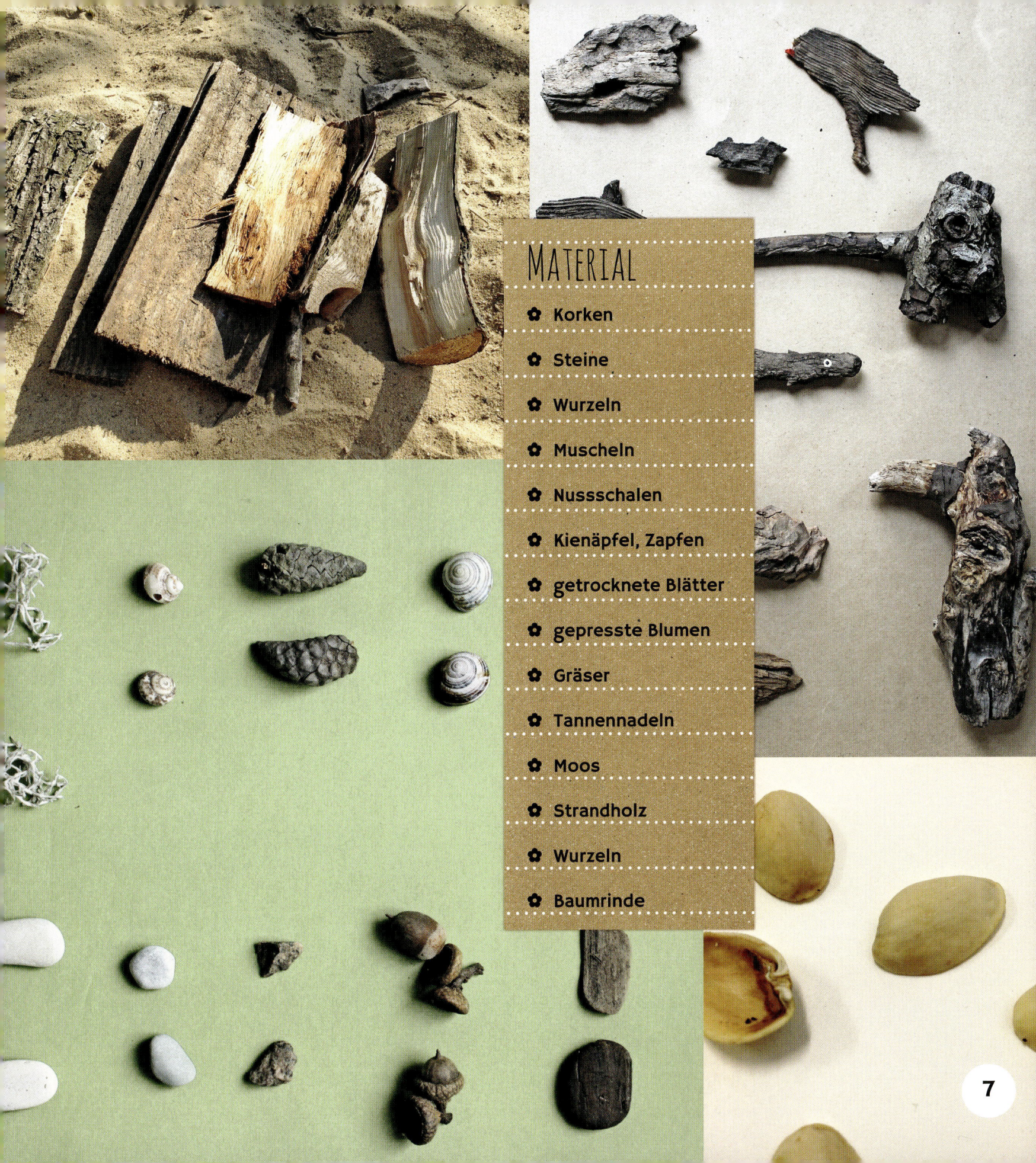

## MATERIAL

- ✿ Korken
- ✿ Steine
- ✿ Wurzeln
- ✿ Muscheln
- ✿ Nussschalen
- ✿ Kienäpfel, Zapfen
- ✿ getrocknete Blätter
- ✿ gepresste Blumen
- ✿ Gräser
- ✿ Tannennadeln
- ✿ Moos
- ✿ Strandholz
- ✿ Wurzeln
- ✿ Baumrinde

## Zubehör

- ✿ Klebestift
- ✿ Bastelkleber
- ✿ Klebeband
- ✿ Messer
- ✿ Cuttermesser
- ✿ Schere
- ✿ Farben
- ✿ Pinsel
- ✿ Papiere
- ✿ Knete
- ✿ Wasserglas
- ✿ Dekorstifte
- ✿ leere Streichholz-

  schachteln

Folgende Bastelmaterialien braucht ihr natürlich auch noch:
Stifte, Pinsel, Farben und ein Wasserglas. Für Steine eignen sich am besten Dekor- oder Kreidestifte (beispielsweise von Giotto). Die fangen nach dem Trocknen an zu leuchten. Man kann aber auch Acryl- oder Plakafarben nehmen, die decken gut. Für Gesichter braucht man weiße Farbe und Buntstifte für zarte Töne. Filzstifte und Fineliner könnt ihr für zartere Linien benutzen.
Für manche Sachen verwenden wir Papiere und Dekoklebeband. Ihr könnt einfarbige oder bedruckte Papiere nehmen, am besten geeignet ist Karton, der ist schön fest. Manche Papiere lassen sich gut mit einem Klebestift kleben, für andere braucht man Bastelkleber. Auch für die Hölzer und Steine kann man Bastelkleber oder Holzleim einsetzen.

witzige
Eierbecher S. 16
Blütensteine S. 26

# FRÜHLING

Schmetterlinge
S. 12
Marienkäfer S.28

# Bunte Schmetterlinge

## Material

- ✿ Äste
- ✿ Wurzelholz
- ✿ gemustertes Papier
- ✿ Farben
- ✿ Stifte
- ✿ Kleber
- ✿ Faden

Für die Schmetterlinge suchst du dir ein schön geformtes Wurzelholz, auf das du am oberen Ende eine runde weiße Fläche für das Gesicht malst. Toll ist es, wenn dein Holz noch zwei kleine Äste am Kopfende hat, das sind die Fühler.

Wenn die Farbe getrocknet ist, kannst du das Gesicht einzeichnen.

Leg dein Holz in die Mitte eines farbigen Stücks Papier und zeichne einen Schmetterlingsflügel darauf.

Falte das Papier so zusammen, dass du zwei Flügel ausschneiden kannst, die in der Mitte verbunden bleiben.

Klebe dein Holz in die Mitte.

Wenn dein Wurzelholz noch keine Fühler hat, kannst du zwei dünne Äste von hinten an den Kopf kleben.

Schließlich bindest du einen Faden an das Holz, an dem du den Schmetterling aufhängen kannst.

Variante mit weißem Gesicht

13

## MATERIAL

✿ gegabelte Äste
✿ weißes Papier
✿ Farben
✿ Stifte
✿ Kleber

Für die Variante mit den gegabelten Ästen machst du alles so, wie bei den anderen Schmetterlingen, nur dass sie kein Gesicht bekommen. Dafür kannst du das Papier für die Flügel mit Mustern bemalen.

## MATERIAL

* ❀ Klopapierrollen
* ❀ Bleistift
* ❀ Schere
* ❀ Kleber
* ❀ Acrylfarbe
* ❀ Eier

Schneide die Papprolle wie unten im Bild und falte sie auf. Zeichne die Ohren. Sie müssen ziemlich lang sein, weil sie hinter dem Ei auch noch zu sehen sein sollen.

Vor dem Ausschneiden setze ein Ei rein, um zu testen, ob es gut aussieht. Wenn sie schön über das Ei herausragen und so richtig hasig aussehen, kannst du sie ausschneiden und anmalen. Bemale das Ei dann nach dem Kochen noch mit einem schönen Hasengesicht.

Das wird ein wunderbares Hasenfrühstück!

Je nach Lust und Laune kannst du natürlich auch himmlische Engel oder außerirdische Eierbecher basteln.

## MATERIAL

❀ Äste und Stöcke

❀ Lärchenzapfen, die noch an einem Ast hängen, oder Mohnkapseln mit Stiel für den Kopf und Griff

❀ Stoff- oder Papierreste

❀ Farbstifte

❀ Federn

❀ evtl. Korken

Nimm dir eine Mohnkapsel mit Stiel oder einen Ast, an dem ein Lärchenzapfen hängt. Die Knospen an den Ästen von Pappeln kann man für Augen oder Nasen benutzen. Wenn du keinen passenden Stock findest, kannst du auch einen Korken auf einen Stab stecken.

Male das Gesicht direkt auf die Mohnkapsel oder den Ast oder schneide dir Augen aus, die du in den Lärchenzapfen steckst.

Verziere den Kopf mit Federn oder male ihn an.

Schneide aus einem Stück Stoff oder Papier einen Umhang aus, den du entweder anklebst oder anbindest.

# OSTERANHÄNGER AUS HOLZ

Diese Osteranhänger sind aus Furnierholz-resten gemacht. Du kannst sie aber auch aus anderem dünnen Holz anfertigen.

Schneide dir das Holz in ca. 6 x 8 cm große Stücke zurecht und stanze mit dem Locher zum Aufhängen oben ein Loch hinein.
Jetzt kannst du jeden Anhänger individuell gestalten.
Male zum Beispiel ovale Eiformen auf und klebe Federn hinein. Du kannst sie auch bestempeln oder mit Papier oder ausgestanztem Konfetti bekleben. Aber auch Briefmarken, Blütenblät-ter oder andere Dinge eignen sich gut zum Dekorieren.
Hänge alle Anhänger in einen Strauß aus Zwei-gen eines Kirschbaums, einer Birke oder einer Korkenzieherweide.

## MATERIAL

* dünnes Holz oder Furnier
* Federn
* Bänder
* Papierreste
* Farben
* Stifte
* Kleber
* Locher

# STEINBLUMEN

## MATERIAL

- ✿ flache, rundliche Steine
- ✿ schmale Äste
- ✿ Pappe oder Well-pappe
- ✿ Farben
- ✿ Stifte
- ✿ Kleber

Sortiere deine Steine zu Blumen.

Male sie bunt an und lass sie trocknen. Male auch zwei Steine grün an, die du als Blätter verwendest.

Klebe sie auf ein Stück Wellpappe.

Wenn der Kleber getrocknet ist, schneidest du vorsichtig die Blüte aus und klebst die Pappe an das obere Ende deines Astes.

Das Gleiche machst du mit den Blättern, nur hier musst du beim Aufkleben auf die Pappe etwas Platz für den Ast lassen, denn diesmal wird die Pappe hinter den Ast geklebt.

# Noch mehr Blumen

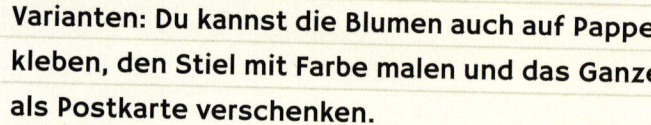

Varianten: Du kannst die Blumen auch auf Pappe kleben, den Stiel mit Farbe malen und das Ganze als Postkarte verschenken.

Oder du malst mit weißem Stift Blumenmuster auf schwarze Steine. Dafür suchst du dir möglichst glatte, flache, schwarze Steine. Mit einem Lack- oder Kreidestift kannst du auf jeden einzelnen eine andere Blüte zeichnen und die Steine dann immer wieder neu zusammenstellen. Das sieht sehr hübsch aus.

Es gibt auch Steine, auf denen ein ganzer Blumenstrauß Platz hat.

# KLEINE GLÜCKSMARIENKÄFER

## MATERIAL

✿ Schalen von Pistazien

✿ rote Farbe

✿ schwarze und weiße Lackstifte

Das ist eine ganz einfache Bastelidee. Du malst die Pistazienhälften mit roter Farbe an. Wenn sie trocken ist, bemalst du den vorderen Teil in Schwarz, ziehst eine Linie für die Flügel und setzt so viele Punkte darauf, wie du magst. Aber es sollten auf jeder Seite ungefähr gleich viele sein.

Zum Schluss noch mit Weiß und Schwarz die Augen auf den vorderen Teil zeichnen. Fertig. Du kannst die Marienkäfer als Dekoration auf Blätter legen oder auch verschenken. Wenn du jemandem ein Geschenk mitbringst, kannst du einen Marienkäfer als Glücksbringer auf die Verpackung kleben.

# BLUMEN PRESSEN

## MATERIAL

- ✿ frische Blumen mit dünnen, zarten Blüten
- ✿ Gräser
- ✿ Blätter von Bäumen
- ✿ Zeitungspapier
- ✿ dicke Bücher

Auf einem Spaziergang oder im Garten pflückst du dir einige hübsche Blumen und Gräser, die du am besten gleich in ein Buch oder eine Mappe legst, weil sie schnell welken. Besonders gut geeignet sind Storchenschnabel, Hahnen-fuß, Glockenblumen, Vergissmeinnicht oder Gänseblümchen.

Zuhause legst du jeweils eine Pflanze zwischen einige Bögen Zeitungspapier. Achte darauf, dass die Blüten aufgeklappt sind und schön glatt gepresst werden. Du kannst auch mit dem Finger den Blütenkopf extra pressen, sodass später die Blüte gut zu erkennen ist.

Lege alle Zeitungsstapel übereinander und beschwere sie mit einigen richtig dicken Büchern.

Jetzt musst du erst mal einige Tage warten, am besten eine Woche, bis die Pflanzen richtig gut getrocknet sind.

Nimm deine gepressten Blumen, Gräser und Blätter vorsichtig aus der Zeitung heraus und lege sie wie einen Wald auf das Blatt Papier. Wenn dir deine Auswahl gefällt, klebe sie vorsichtig mit ganz wenig Bastelkleber fest und lass sie trocknen. Es reicht, wenn du die Pflanzen nur an wenigen Ecken mit Kleber betupfst. Zeichne nun zwischen die »Bäume« kleine Figuren: Mädchen, Feen oder Elfen.

# MÄDCHEN IM BLUMENWALD

## MATERIAL

- ✿ gepresste Pflanzen
- ✿ Papier
- ✿ Klebstoff
- ✿ weißer Stift
- ✿ bunte Stifte

# Frühlingsvogelbaum

## Material

- Ast
- buntes Papier
- festes Papier für die Vögelchen
- Kleber
- Holzstück oder Rinde
- Stifte
- Schere

Ich brauchte dringend ein bisschen Frühling auf meinem Basteltisch, da habe ich mir einen Frühlingsvogelbaum gebastelt. Brauchst du auch einen?

Suche dir ein schönes Ästchen. Aus bunten Papieren kannst du dir Blätter ausschneiden. Tupfe immer ein kleines Tröpfchen Kleber an einen Ast, um die Blätter anzukleben. Jetzt kannst du deinen Baum bevölkern. Mit Vögeln oder Eichhörnchen – oder sitzt vielleicht sogar DU auf einem Ast?

Das Bäumchen kannst du in eine Vase stellen oder ein Loch in ein Stück Rinde oder Holz bohren und es hineinstecken.

# SOMMER

fröhliche
Libellen S.56

Floß mit
Segel S.38

# HOLZFLOSS MIT SEGEL

Zuerst musst du ein Loch in das Brett bohren. Dafür nimmst du entweder einen Bohrer oder einen Schraubenzieher.

In das Loch steckst du deinen dickeren Ast. An die beiden anderen Äste bindest du das Segel. Du kannst den Stoff etwas um den Ast wickeln, dann lässt er sich leichter festbinden. Jetzt bindest du die beiden Äste des Segels jeweils oben und unten an den Mast.

## MATERIAL

- ✿ flaches Holzstück oder Brett
- ✿ quadratisches Stück Stoff
- ✿ Stock für den Mast
- ✿ 2 Stöcke fürs Segel
- ✿ Bindfaden
- ✿ Schraubenzieher oder Bohrer für das Loch

Mini-Boot ↗

# HALLO, FAMILIE STEIN

## MATERIAL

✿ verschiedene Steine, am besten glatte

✿ farbige Stifte oder Acrylfarben

Wenn du verschiedene Steine ansiehst, fallen dir bestimmt schon Nasen, Bäuche oder Ohren auf. Du kannst mehrere Steine für den Kopf, den Körper, die Beine und vielleicht auch für die Arme zu einer Figur zusammensetzen. Auch Hüte sind möglich. Schöne Steine findest du am Strand, in Sandhaufen, in Flüssen oder im Vorgarten.

Als Erstes musst du deine Steine sortieren. Was könnte ein Kopf sein, was ein Bein? Soll die Figur einzelne Beine und Arme haben oder einen Rock tragen?

Beginne mit dem Gesicht. Am schönsten wird es aussehen, wenn du das Gesicht erst mit weißer Farbe grundierst und dann mit einem Fineliner die Gesichtszüge zeichnest.

Verfahre mit den Körperteilen ebenso. Du kannst die Kleidungsstücke zueinander passend anmalen. Wenn du magst, kannst du auch ein Puzzle daraus machen und die einzelnen Teile untereinander tauschen.

Kopf
Körper
Rock

# Famoser Glasgarten

## Material

- 🌼 großes Glas
- 🌼 Moos
- 🌼 Zweige, Steine oder Nussschale
- 🌼 Dekorstifte

Nimm ein schönes, großes Glas mit Deckel. Suche dir ein bisschen Moos und lege den Boden des Glases damit aus.

Nun kannst du ein paar Steine als Felsen hinein-legen, einen Stein als Haus oder eine Nussschale als Käfer bemalen.

Buchsbaumästchen eignen sich ganz gut als Bäumchen, weil sie lange schön bleiben.

Wer mag, kann nun noch das Glas mit Dekor-stiften bemalen.

Viel Spaß!

# Hopp Hopp, im Galopp

Früher hatten fast alle Kinder Steckenpferde zum Spielen. Wir zeigen euch, wie man sie ganz leicht nachbauen kann.

Zeichne dir auf ein großes Stück Wellpappe einen Pferdekopf und ein Ohr und schneide beides aus.

Zeichne Augen und Nüstern und einen Strich für das Maul darauf.

Klebe das Ohr von hinten an den Kopf.

Schneide dir die Gräser oder das Schilf zurecht und stecke sie direkt in die Zwischenräume der Wellpappe.

Tackere den Kopf an einen Stock, der groß genug ist, damit du dir das Pferd zwischen die Beine stecken kannst.

Jetzt kannst du darauf reiten.

## Material

* Wellpappe, am besten von einer großen Verpackung
* Farben
* Stifte
* Kleber
* großes Teppichmesser
* lange Stöcke
* Gräser oder Schilf für die Mähne
* Handtacker

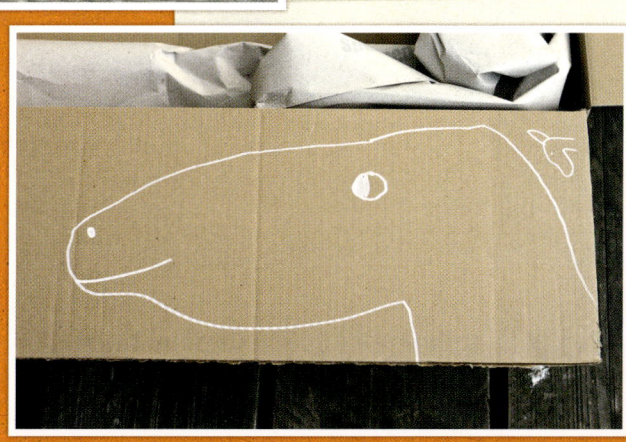

# Mooshäuser zum Spielen

## Material

* etwa 20 dünne, gerade Stöcke
* Moos
* Gras
* Blumen

Suche dir ein schönes Plätzchen für dein Mooshaus.

Stecke die Stöcke mit etwa 5 Zentimeter Abstand in einem Kreis in den Boden.

Da, wo der Eingang sein soll, lässt du eine Lücke.

Oben kannst du nun die Äste mit ein paar langen Grashalmen festbinden.

Nun kannst du das Moos von unten nach oben um die Stöcke legen und immer ein bisschen in den Ritzen feststecken.

Für die Oberkante der Tür kannst du ein kürzeres Stöckchen als Querbalken zwischen die Äste stecken. Dann hält das Moos dort auch gut.

Jetzt noch ein paar Blumen drangesteckt und ein schönes Stofftierfest kann gefeiert werden.

Zu mehreren könnt ihr ein ganzes Dorf bauen – mit Dorfplatz, Brunnen, Gemüsebeet und allem, was dazu gehört.

# BAUMHÄUSCHEN

## MATERIAL

- ✿ Karton
- ✿ Äste
- ✿ Stöcke
- ✿ Schere
- ✿ eine kleine Schilfrohrmatte
- ✿ Schnur

Schneide die Vorderseite des Kartons ab. So kannst du nachher besser damit spielen.

Bohre in die unteren Ecken von deinem Karton jeweils ein Loch und binde an beide Seiten einen schönen dicken Stock an den Karton.

Das Dach kannst du mit zusammengebundenen Stöcken, einem Brett oder wie die Jungen mit einem Stück Schilfrohrmatte decken.

Nun kannst du dein Haus in einen Baum hängen. Zunächst knotest du viele Schnüre an die Enden der Stöcke.

Weiter geht es am besten zu zweit! Einer hält das Haus, der andere bindet die anderen Enden der Schnüre an die Äste vom Baum.

Und schon können die Mäuse einziehen!

Dieses hängende Haus haben Bruno (6) und Anton (4) mit Daniel (Papa) gebaut.

# FRÖHLICHE LIBELLEN

Bemale den Stock mit Dekorstiften oder anderen Farben. Schön sind auch Metallicfarben, da sie wie Libellen in der Sonne glänzen.

Nun bemale die Linsen als Augen und klebe sie an. Ich verwende gerne Express-Holzleim. Damit halten die Teile besser und rutschen nicht während des Trocknens ab.

Klebe als Nächstes die Fühler (Kiefernnadeln, Gräser oder etwas Ähnliches) an.

Wenn alles getrocknet ist (bei Holzleim erkennt man das daran, dass er nicht mehr weiß, sondern klar ist), kannst du die Ahornnasen-flügel ankleben. Ich habe die Flügel auf eine Unterlage gelegt und je einen kleinen Klecks Leim daraufgegeben. Dann habe ich die Libelle draufgelegt und alles gut durchtrocknen lassen.

Schön!

## MATERIAL

- ✿ Ahornnasen
- ✿ Stock
- ✿ Kiefernnadeln
- ✿ 2 Linsen
- ✿ Farbe
- ✿ Kleber
- ✿ Dekorstifte

# Variante fröhliche Libellen

## Material

❀ Ahornnasen

❀ Stock

❀ Kirschstiele

❀ farbiges Klebeband

❀ Kleber

❀ Dekorstifte

Für diese Libellen kannst du die Stiele von Kirschen als Fühler nehmen.

Klebe sie mit farbigem Klebeband an den oberen Teil eines schmalen Stöckchens.

Das Klebeband ist nun gleichzeitig der Kopf, den du noch mit zwei Augen versehen kannst.

Die Ahornflügel klebst du dicht darunter.

Zum Schluss kannst du den Körper, also den Ast, noch mit Streifen verzieren.

# Kunst im Sand oder in der Natur

## Material

- ✿ alles, was du in der freien Natur findest
- ✿ Blätter, Äste
- ✿ Moos
- ✿ Steine
- ✿ Sand, Erde

Es gibt eine Kunstrichtung, die heißt »Land-Art«. Künstler verändern die Landschaft, ohne sie zu zerstören, und bauen Kunstwerke direkt in die Natur.

Es werden Steine in Kreise gelegt oder Zäune aus Ästen geflochten. Wer diese Kunstwerke findet, soll sich darüber wundern oder freuen. Nach einer Weile verschwinden diese Werke wieder.

Du kannst es auch ausprobieren. Versuche doch einfach mal, mit einem Stock im Sand oder Erdboden zu zeichnen, lege einen Steinkreis oder baue eine Sandskulptur. Sammle Moos und lege eine Form aus. Wichtig ist dabei aber, dass du keine Pflanzen ausreißt oder Bäume beschädigst.

# TOLLKÜHNER PIRAT & KOLLEGEN

Steine gibt es in allen möglichen Formen, Farben und Größen und du findest sie fast überall!
Ich hatte plötzlich einen Piratenhut in der Hand.
Da habe ich mich auf die Suche nach dem Rest des Piraten gemacht.
Für Arme und Beine sind längere Steine schön.
Falls du keine findest, nimm einfach Stöckchen oder Ahornnasen dafür – der Fantasie sind keine Grenzen gesetzt.
Mit Dekorstiften kannst du die Steine wunderschön anmalen.
Aus Stöcken und Blättern kannst du auch noch eine Pirateninsel mit Schatz gestalten. Oder du fügst einen Koch an seiner Feuerstelle mit Kochtopf darauf hinzu (nächste Seite).

## MATERIAL

✿ Steine in verschiedenen Größen und Formen
✿ Dekorstifte
✿ Stöcke

# KOCH UND INDIANER

## MATERIAL

- ✿ Steine
- ✿ Dekorstifte
- ✿ Stöcke
- ✿ Ahornnasen

### FÜR PFEIL UND BOGEN:

- ✿ dünne, am besten biegsame Äste
- ✿ Bindfaden
- ✿ buntes Klebeband

Brunos Koch

# Sonnenlöwe

Sammle schöne Blätter und Blütenblätter und lege sie zwischen Zeitungs- oder Küchenpapier. Dann legst du zum Pressen ein oder zwei dicke Bücher darauf und lässt die Blätter etwa eine Woche trocknen.
Die Blätter sind ein bisschen empfindlich, sei also vorsichtig. Nimm sie, wenn es geht, am Stiel hoch.
Lege aus deinen Blättern und Ästen ein wildes Tier.
Klebe jedes Blatt an seine Stelle, male deinem Tier ein Gesicht und schon springt zum Beispiel ein Löwe übers Blatt!
Schöne Nasenknöpfe lassen sich überall finden. Wenn die Lindensamen so schön hinabpropellern, kann man die kleinen Kapseln abknipsen und dem Löwen eine Nase draus zaubern.

## Material

* Blätter
* Blütenblätter
* Zeitung, dicke Bücher
* Äste
* Kleber
* Papier
* Stifte

# SCHICKE STEINKETTEN

Bemale die unteren zwei Drittel eines 2 bis 3 cm großen Steines mit einem Gesicht.

Nun klebst du mit Holzleim einen etwa 3 cm langen Baumwollfaden als Schlaufe an den Stein und lässt das Ganze trocknen.

Bepinsele das obere Drittel mit Holzleim und wickle vorsichtig von unten nach oben den Baumwollfaden um den Stein. Die Schlaufe soll oben herausgucken. So bekommt der Kopf eine schöne Mütze.

Lass deinen Schmuck gut durchtrocknen.

Jetzt kannst du einen Faden (ca. 60 cm lang) als Kette durchfädeln und verknoten. Schmücke dich mit deiner Kette.

Du siehst schön aus!

## MATERIAL

✿ ovale Steinchen

✿ Dekorstifte oder Acrylfarben und Pinsel

✿ Baumwollfaden

✿ Express-Holzleim

# HERBST

# ULKIGE WALDTIERE

Stöcke und Holzstücke gibt es überall. Schau sie dir an und finde heraus, welches Tier darin versteckt ist. Manchmal reicht ein einziges Auge, um es zum Leben zu erwecken.

Schau dir dein Stück Holz von allen Seiten gut an. Was ist das Besondere an dem Holz? Was für ein Tier passt zu dieser Besonderheit? Schaut dich das Tier schon an? Will es dich beißen?
Suche dir die passenden Farben aus und male zuerst das, was am wichtigsten ist. Bei unserem Tukan auf der nächsten Seite war das ganz eindeutig der Schnabel.
Es muss auch nicht unbedingt ein Tier sein, ein Haus, eine Fee, ein Flugzeug oder Rapunzels Turm samt Zopf sind auch wunderbar. Klebe auch ruhig noch was dran. Der Fuchs brauchte schließlich auch Ohren.

## MATERIAL

❀ Holzstücke

❀ Schwemmholz

❀ Wurzeln

❀ Farben (Acryl, Tempera oder Wasserfarben)

❀ Pinsel

❀ Stifte

# Eule und Fuchs

Ohren aus Papier →

# Naturmemo in Schachteln

## Material

* 15 bis 20 verschiedene kleine Fundstücke
* unbedruckte Streichholzschachteln (gibt es in Bastelläden)
* Kleber oder Klebestreifen
* Papiere oder Briefmarken für die Hüllen der Schachteln

Dieses Naturmemo ist eine lustige Möglichkeit, seine Fundstücke in ein Spiel umzuwandeln. Zum Spielen werden die Innenteile der Schachteln verwendet, die dann alle gleich aussehen.

Als Erstes brauchst du Fundstücke. Vielleicht hast du schon Steine, Muscheln, Blätter oder anderes zu Hause. Sammle sonst auf deinem nächsten Spaziergang Eicheln, Bucheckern, Erlen, Blätter, Moos und weitere Naturmaterialien ein. Wichtig ist, dass du alles doppelt hast.

# Naturmemo

Sortiere deine Fundstücke so, dass jedes zweimal vorhanden ist und in eine Streichholz-
schachtel passt.

Die Fundstücke werden am Boden der Schachteln
festgeklebt und diese werden dann umgedreht
auf dem Tisch verteilt. Nun darf abwechselnd
jeder zwei Schachteln umdrehen und schauen, ob
er zwei gleiche Fundstücke hat. Wer zwei gleiche hat, darf diese aus dem Spiel nehmen und ist
noch einmal dran.

Zur Aufbewahrung schiebst du die Innenteile in
die Schachtelhüllen. Diese kannst du noch mit
buntem Papier oder Briefmarken verzieren, denn
sie werden beim Spielen nicht verwendet.

# KNORRIGE NAMEN

Suche dir im Wald ganz viele verschiedene Stöcke. Achte darauf, welche Buchstaben du für deinen Namen brauchst. Für ein S brauchst du zum Beispiel gebogene Stöcke, für ein N ist eine Astgabel praktisch. Lege deinen Namen erst einmal vor dich hin und gucke, wie er aussieht. Die Äste müssen ein bisschen überlappen, das heißt übereinanderliegen, damit man sie nachher gut zusammenleimen kann. Schön?

Dann kannst du den ersten Buchstaben zum Leimen auf ein Stück Zeitungspapier legen. An den Stellen, wo die Äste eines Buchstabens zusammentreffen, gibst du auf den jeweils unteren Ast einen Klecks Holzleim und legst den oberen Ast darauf. Lass den Kleber richtig gut trocknen. Holzleim ist trocken, wenn er nicht mehr weiß, sondern durchsichtig ist.

Bei den anderen Buchstaben machst du es genauso.

## MATERIAL

✿ viele verschiedene Äste (gebogene, gerade, schiefe, krumme, gegabelte)
✿ Express-Holzleim

# Fuchs im Blätterwald

## Material

- ✿ ein schönes Stück Borke (Rinde)
- ✿ gepresste Blätter
- ✿ Papier
- ✿ Stifte
- ✿ Farbe
- ✿ Schere
- ✿ Nagel (zum Vorbohren der Löcher)
- ✿ Kleber

Bohre mit dem Nagel die Löcher für die Blätter in die Borke.

Male einen Fuchs oder einen anderen Waldbewohner und schneide ihn aus. An zwei Pfötchen lässt du unten noch ein kleines Rechteck Papier stehen, daran wird er nachher in die Borke gesteckt.

Nun schneide mit dem Cutter an die Stelle, wo der Fuchs stehen soll, zwei Ritzen in die Rinde. Teste, ob der Fuchs sich hineinstecken lässt. Falls nicht, stecke den Cutter noch einmal in die Ritze und vergrößere den Schlitz. Manchmal hilft es, den Cutter ein bisschen hin- und herzubewegen.

Gib einen kleinen Klecks Kleber auf die Rechtecke an den Füßen und stecke den Fuchs in die Ritzen. Auch die Blätter kannst du nun mit ein bisschen Kleber an den Stielen in ihre Löcher stecken.

# FRECHE KRABBELKÄFER

## MATERIAL

- ✿ Erdnüsse, Walnüsse, Kiefernzapfen
- ✿ Karton
- ✿ Zahnstocher
- ✿ Dekorstifte
- ✿ weißes Papier
- ✿ Farben
- ✿ Stifte
- ✿ Kleber

Die Walnüsse halbierst du und dann malst du sie ebenso wie die Erdnüsse und Eicheln an. An der Vorderseite werden jeweils mit einem schwarzen Stift zwei Augen aufgemalt.

Die Beine machst du aus einer Papierfläche. Dafür kannst du die abgebildete Form so auf ein zusammengefaltetes Stück Papier zeichnen, dass die gerade Kante am gefalteten Rand liegt. Das Ganze ausschneiden und aufklappen. Das sind die Beine. Auf jede Form klebst du einen »Körper« und fertig sind die Käfer.

Du kannst die Beine der Käfer aus Erdnüssen auch mit Zahnstochern anfertigen. Dazu halbierst du drei Zahnstocher und steckst sie rechts und links in die Erdnussschale.

Wer möchte, kann sich auch noch eine Landschaft wie auf der nächsten Seite basteln. Dazu einfach ein Stück Pappe als Wiese anmalen und am hinteren Teil ein anderes Stück bemalte Pappe als Gras anbringen.

← Kiefern-zapfen

Eichel

Walnuss

← Erdnuss

Karton

Zahnstocher

Vorlage für
Unterseite

Falz

Käfer von Flitzi, Henni + Elias.

# SCHLANGEN AUS SAMENHÜLLEN

## MATERIAL

✿ Samenschote der

Robinie

✿ Dekorstifte oder

Acrylfarben

Die Samenschoten der Robinie sind so schön, dass du sie automatisch mitnimmst und überlegst, was du daraus machen kannst. Mit schönen Mustern und Augen bemalt, werden die Schoten zu herrlichen Klapperschlangen. Sie klingen sogar so, wie echte Klapperschlangen, wenn du sie schüttelst.

Robinien-Schote

Oh, eine gefährliche Giftschlange

# Zarte Stabelfen

Suche dir eine Stelle an deinem Holzstück aus, die sich für die Gesichtsfläche eignet, und male diese weiß an. Auf dem Foto siehst du, dass es auch ein Gesicht sein kann, das zur Seite schaut. Zeichne das Gesicht mit farbigen Stiften auf. Zerschneide ein schön geformtes, getrocknetes Blatt in zwei symmetrische Teile und klebe sie auf ein Stück farbiges Papier. Wenn sie getrocknet sind, schneidest du sie mit etwas Abstand aus dem Papier. Bemale sie mit den farbigen Stiften. Toll sieht es aus, wenn du auch Metallicfarben benutzt.

Mit einem Tacker befestigst du die beiden Flügel auf der Rückseite des Holzes.

Nimm ein getrocknetes Ginkgoblatt oder schneide aus einem anderen Blatt ein dreieckiges Stück heraus. Das kannst du unterhalb der Flügel als Rock anbringen. Fertig ist deine Stabelfe.

## Material

- längliche Äste
- getrocknete Blätter
- farbiges Tonpapier
- Stifte
- Handtacker

95

# Zarte Stabelfen

## MATERIAL

✿ für die Variante

brauchst du noch

ein Stück Pappe

Du kannst deine Stabelfen in einen Blumentopf stecken.

Variante: Wenn du keine länglichen Stöcke hast, kannst du dir aus einem Stück Pappe einen Körper ausschneiden. Je nachdem, wie stark die Pappe ist, nimmst du die Pappe am besten doppelt.

Die weiteren Schritte machst du, wie auf der vorigen Seite beschrieben.

Im Bild siehst du noch einen Kopfschmuck aus einem kleineren Blatt.

96

# Spinne am Morgen

## Material

- ✿ Deckel von Eicheln in verschiedenen Größen
- ✿ 4 Kiefernnadelpaare
- ✿ Holzleim
- ✿ Faden
- ✿ Dekorstifte

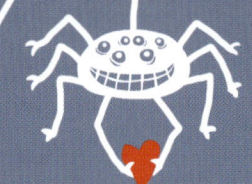

Klebe den kleineren Eicheldeckel als Kopf an den größeren. Lass den Leim gut trocknen.

Knicke die Beinpaare der Spinne vorsichtig in der Mitte und leime sie, wenn der Kopf getrocknet ist, an den Körper der Spinne. Am besten lässt du den Kleber immer trocknen, bevor du das nächste Beinpaar anklebst.

Nun kannst du die Spinne noch anmalen. Wenn sie ein freundliches Gesicht hat, freundet man sich doch gerne mit dem Tierchen an.

Klebe noch einen Faden an den Spinnenpopo, dann kannst du deine Spinne überall hinhängen.

# FEUERSPEIENDER DRACHE

## MATERIAL

- ✿ Holz oder Wurzel
- ✿ Eichel
- ✿ gepresste Blätter
- ✿ Holzleim
- ✿ eventuell bunte Papiere

Ein ulkig geformtes Stück Holz kann leicht zu einem Drachen werden.

Klebe als Auge das Hütchen einer jungen Eichel oder einen Lindensamen auf, die eignen sich sehr gut.

Ein schönes, gepresstes Ahornblatt kannst du so zurechtschneiden, dass es zu deinem Drachen passt. Klebe es dann auch gleich an.

Nun fehlt noch ein feuriges rotes Blatt – dann kann dein Drache Feuer speien!

Oder du klebst ihm Zähne aus Papier ans Maul.

# WALNUSSVOGEL

Klebe zwei Blätter mit Papierklebeband zusammen. Achte darauf, dass sie als Flügel gut zwischen die Nussschalen passen. Den Schwanz aus Gras kannst du hinten auf das Klebeband setzen. Von der anderen Seite klebst du nun noch ein Stück Klebeband dagegen, dann ist es schön stabil. Pinsle ein bisschen Holzleim auf die Unterseite der Nussschale und klebe die Flügel darauf.

Falte das Papier und schneide daraus ein Dreieck aus. Dieses Dreieck klebst du als Schnabel an die Unterseite der Nussschale. Nun befestigst du die Oberseite der Nussschale darauf. Jetzt kannst du noch Augen aufmalen.

## MATERIAL

✿ halbierte Walnuss

✿ getrocknete Blätter

✿ getrocknetes Gras

✿ Kleber

✿ Klebeband

✿ festes Papier für den Schnabel

✿ Schere

✿ Dekorstifte

# TIERISCHE BLÄTTER

## MATERIAL

- ✿ viele verschiedene gepresste Blätter
- ✿ Dekorstifte
- ✿ Schere

Du wirst dich wundern, wie viele verschiedene Blätter es gibt! Darin kannst du ganz viele verschiedene Tiere finden.

Der Stiel kann eine Zunge sein oder ein Hals, vielleicht auch ein Fühler ...

Drehe die Blätter ein bisschen hin und her, vielleicht schaut dich schon ein Tier an?

Wenn es an einer Stelle nicht stimmt, dann schnapp dir eine Schere und hilf ein wenig nach.

Viel Spaß beim Bemalen!

Dekorstifte

# BISSIGE BLATTTIERE

Such dir ein paar getrocknete Blätter und schau, ob sie schon eine Stelle haben, die bissig sein könnte. Du kannst das Maul aufmalen oder ausschneiden.

Den Rand versiehst du mit spitzen Zähnen. Jetzt fehlen noch die Augen und eine Zunge, wenn du möchtest. Die kannst du aus rotem Papier basteln.

Klebe deine Tiere auf ein Stück Papier und male die Beine direkt auf das Papier oder klebe vier Beine von hinten an das Blatt. Das geht am besten mit farbigem Klebeband. Fertig. Wer ist gefährlicher?

## MATERIAL

- ❀ getrocknete Blätter
- ❀ Schere
- ❀ Stifte
- ❀ farbiges Klebeband
- ❀ farbiges Papier

# WINTER

# BLÄTTERFLÜGELFEE

Schneide für den Körper den hochstehenden Innenteil aus einem Eierkarton heraus, bei einer 6er-Packung gibt es zwei.

Bemale eine Eichel mit einem Gesicht und klebe das Hütchen etwas schräg darauf. Klebe den Kopf auf den Körper.

Klebe zwei Blütenblätter auf Papier auf und schneide sie aus. Klebe sie von hinten an die Fee.

## MATERIAL

- ❀ Innenteile eines Eierkartons
- ❀ Eichel mit Hütchen
- ❀ gepresste Blütenblätter (oder andere Blätter von Laubbäumen)
- ❀ farbiges Papier
- ❀ Kleber

# VERZWEIGTE SCHNEEFLOCKE

Suche dir sechs etwa gleich große Äste mit Astgabel am Ende. Nimm je zwei und binde sie mit dem Bindfaden so aneinander, dass die Astgabeln nach außen zeigen.

Nun klebe die drei so entstandenen Doppelstöcke sternförmig übereinander und lasse sie gut trocknen.

Die sechs kleinen Ästchen kannst du nun noch zwischen den Ästen ankleben.

Denke dir noch weitere Schneeflockenformen aus. Jede Schneeflocke sieht anders aus.

## MATERIAL

- ✿ 6 etwa gleich große, ähnliche Ästchen mit Astgabel
- ✿ 6 kleine Ästchen
- ✿ Bindfaden
- ✿ Holzleim
- ✿ weiße Farbe
- ✿ Pinsel

# ZAPFENBAUM

Male den Kiefernzapfen grün an und lass ihn trocknen.

Male die Eicheln oder die Lindenkügelchen an oder schneide kleine Glanzpapierdekorationen aus und schmücke den Weihnachtsbaum damit.

Den Schmuck klebst du mit einem Tröpfchen Holzleim fest.

Wenn du einen Tropfen Leim auf ein Stück Pappe gibst, kannst du den Schmuck eintunken und dann am Baum festkleben.

Bemale die Steinchen als Geschenke und lege sie unter den Baum.

Fertig ist die Weihnachtsdekoration!

## MATERIAL

* ✿ Kiefernzapfen
* ✿ Wasserfarben, Acrylfarben oder Dekorstifte
* ✿ Pinsel
* ✿ kleine Eicheln oder Lindensamen
* ✿ Glanzpapier
* ✿ Holzleim
* ✿ Steinchen

# ULKIGE SCHAFE

## MATERIAL

* Korken
* Muscheln
* Streichhölzer
* Stifte
* Schraubenzieher

  oder Schere zum

  Bohren der Löcher

Drehe die Muschel mit der Spitze nach unten und zeichne mit schwarzer Farbe ein Gesicht darauf. Es besteht aus zwei Augen und einer Schnauze, die mit einem Strich nach unten fortgeführt wird. Dann kommt noch ein Mund darunter.

Bemale einen Korken mit weißen Kringeln.

Stich für die Beine vier Löcher in den unteren Teil des Korkens. Halbiere vier Streichhölzer und stecke sie in die Löcher.

Klebe die Muschel an den vorderen Teil des Korkens und stelle das Schaf so auf, dass es nicht umkippt.

# ... UND DER QUIRLIGE SCHAFBOCK

Der Schafbock wird ähnlich wie die Schafe gemacht, nur der Kopf ist anders. Dazu nimmt man ein ovales Stückchen Holz und klebt zwei Schneckenhäuser an den oberen Teil. Das sind die Hörner. Das Gesicht zeichnest du am besten in Weiß auf das Holz.

## MATERIAL

- ✿ Korken
- ✿ Schneckenhäuser
- ✿ Streichhölzer
- ✿ Stifte
- ✿ Schraubenzieher
  oder Schere zum
  Bohren der Löcher

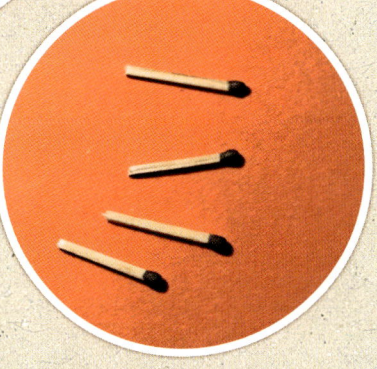

# Zirkusvolk aus Korken

## Material

- einige Korken
- Pistazienschale
- Zahnstocher
- Papier
- chinesische Schirmchen
- Muffinförmchen
- Stifte
- farbiges Klebeband

Seiltänzerin: Bemale einen Korken mit einem Gesicht und klebe mit Klebeband die Kleidung auf. Stecke zwei Zahnstocher als Arme hinein und setze der Seiltänzerin einen Hut aus einer bemalten Pistazienschale auf. Der Rock wurde aus einem Muffinförmchen gemacht. Das faltest du zweimal zusammen und schneidest die Spitze so ab, dass der Korken hindurchpasst. Seiltänzerinnen haben einen Schirm, mit dem sie das Gleichgewicht halten. Du kannst einen aus chinesischem Papier nehmen (den bekommst du bestimmt im nächsten Eiscafé).

Zirkustier: Das Prinzip ist ähnlich. Du zeichnest auf den oberen Teil des Korkens ein Gesicht und dekorierst den Körper mit Klebeband oder Farbe. Hier wurden die Arme auf das Klebeband gemalt. Die Ohren sind angemalte Pistazienschalen.

# Clown und starker Mann

## Material

- einige Korken
- Pistazienschale
- Zahnstocher
- farbiges Papier
- Stifte
- farbiges Klebeband
- Farben

**Clown:** Für das Clownsgesicht malst du eine große, rote Nase auf die weiße Gesichtsfläche und kleine schwarze Punkte mit Strichen nach oben und zur Seite als Augen. Dann gestaltest du den Körper mit farbigem Klebeband und stellst ihn so auf farbiges Papier, dass du zwei riesige Schuhe anzeichnen kannst. Die Schuhe und die Fläche, auf der der Korken steht, schneidest du aus dem Papier aus und klebst den Korken darauf. Für die Arme wurden Zahnstocher mit Papier beklebt. Der Hut wurde aus einem runden Stück Papier und einer Pistazienschale gebastelt.

**Starker Mann:** Gestalte den starken Mann so, dass er einen Schnurrbart hat und die Kleidung so aussieht, als hätte er Hosen an. Für das Gewicht steckst du zwei Scheiben, die du von einem Korken abgeschnitten und bunt angemalt hast, auf einen Zahnstocher.

# FABELHAFTER ZIRKUSELEFANT

## MATERIAL

- ❀ Sektkorken
- ❀ Korken
- ❀ Ahornnase
- ❀ 4 kleine Stöckchen
- ❀ Zahnstocher
- ❀ graues Papier
- ❀ graue Farben
- ❀ Stifte
- ❀ farbiges Klebeband
- ❀ Kleber

Für den Elefant klebst du zuerst die Ahornnase an den Sektkorken und schneidest ein kleines Stöckchen in vier gleiche Teile.

Dann malst du alles mit grauer Farbe an. Wenn es trocken ist, kannst du Augen und Nase auf die Vorderseite des Korkens malen.

Dann schneidest du dir zwei Ohren aus grauem Papier aus und klebst sie rechts und links an den Korken.

In die kleinen Stöcke steckst du die Spitzen der Zahnstocher. Markiere dir am Korken die Stellen für die Beine und stich ein Loch hinein. Dann kannst du die Beine ganz leicht hineinstecken. Aber du kannst sie auch festkleben.

Für die Rolle, auf der der Elefant balanciert, beklebst du einen Korken mit farbigem Klebeband.

Jetzt kannst du mit deinen Tieren und Artisten Zirkus spielen und tolle Kunststücke aufführen.

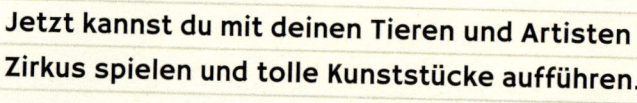

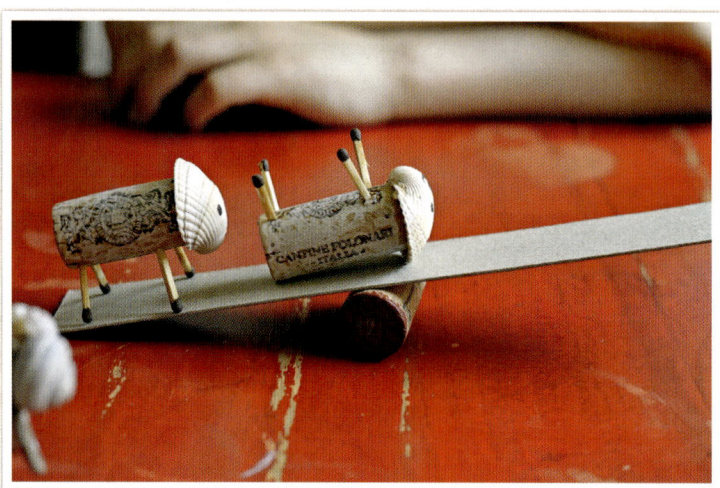

# URIGE EULE

## MATERIAL

- ✿ zwei Kiefernzapfen
- ✿ Holzstücke
- ✿ Papier
- ✿ getrocknete Blätter
- ✿ Steine
- ✿ Holzleim

Kiefernzapfen kann man ganz leicht zusammen-stecken. Wenn man sie mit der Unterseite nach vorne zusammenfügt, erkennt man schon fast die Eule. Mit ein bisschen Holzleim hält der Kopf. Es fehlt nur noch das Gesicht.

Aus Papier kannst du schöne, große Eulenaugen ausschneiden und am Kopf ankleben.

Der Schnabel ist etwas schwieriger zu machen, vor allem wenn er ein bisschen gebogen sein soll. Falte ein etwas festeres Papier in der gewünschten Farbe und schneide ein längliches Dreieck aus. Nun schneide den Schnabel etwa auf der Mitte fast bis zum Knick ein, falte ihn nach unten und klebe ihn zusammen. Jetzt kannst du ihn der Eule ins Gesicht kleben.

Klebe zwei getrocknete Blätter als Ohren an und stecke zwei Holzstücke seitwärts in den Kiefernzapfen.

Die Eule wird jetzt auf zwei Steinchen gestellt, damit sie nicht umkippt, und fertig ist sie.

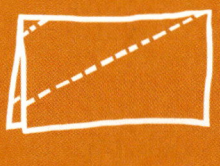

# BUNTER STOCKBAUM

## MATERIAL

- ✿ Stöcke in verschiedenen Längen (nicht dünner als 5 mm, sonst wird es schwierig mit dem Bohren)
- ✿ Dekorstifte
- ✿ dicker Faden (z. B. ein runder Schnürsenkel)
- ✿ Bohrmaschine (nur zusammen mit einem Erwachsenen benutzen)
- ✿ Express-Holzleim
- ✿ Mohnkapsel

Sortiere die Stöcke der Größe nach, sodass sie eine schöne Tannenbaumform ergeben. Nimm für den Stamm einen kurzen, etwas dickeren Stock. Bemale die Stöcke mit Mustern.

Nun wird es etwas schwierig. Durch jeden Stock muss ein Loch gebohrt werden. Da lässt du dir bitte von einem Erwachsenen helfen.

Am besten geht es, wenn du den Stock in einen Schraubstock klemmst und dann mit der Bohrmaschine ein Loch hineinbohrst. Das Loch sollte in etwa die Stärke des Fadens haben. Ein Schnürsenkel ist deswegen besonders praktisch, weil er schon eine »Spitze« hat, mit der man ihn dann gut einfädeln kann.

In den Stamm musst du von oben ein Loch hineinbohren. Mache in den Schnürsenkel einen Knoten, sodass noch etwa

ein Zentimeter unten übersteht. Daran wird am Ende der Baumstamm geleimt.

Fädle den längsten Stock auf den Senkel, sodass der Stock auf dem Knoten sitzt und mache in etwa einem Zentimeter Abstand den nächsten Knoten. Darauf kommt der nächst kleinere Stock.

Nun machst du im gleichen Abstand wieder einen Knoten und fädelst den nächsten Stock auf. Fahre so fort, bis der Baum komplett ist.

Auf das untere Ende deiner Schnur gibst du etwas Leim und steckst es in das Holzstück, das der Stamm ist. Oben an den Faden kannst du einen Deckel einer Mohnkapsel, einen Glitzerstern oder etwas anderes Schönes kleben.

# Schatzkästchen aus Muscheln

## Material

- ✿ altes Kästchen oder feste Schachtel (wir haben eine Verpackung genommen)
- ✿ viele große Muscheln mit einer Innenseite aus Perlmutt
- ✿ Hammer
- ✿ altes Handtuch
- ✿ Alleskleber oder Holzleim

Lege alle Muscheln, die du benutzen willst, in ein altes Handtuch und wickle es fest zusammen. Dann haust du mit einem Hammer so oft darauf, bis sie alle in kleine Stücke zersprungen sind. Du kannst auch zwischendurch nachschauen und die besten Teile schon herausnehmen. Du musst ein bisschen vorsichtig sein, damit du dich nicht an den Muschelstücken schneidest. Lass dir am besten von einem Erwachsenen helfen.

Jetzt bestreichst du das Kästchen mit Kleber und legst die Muschelteile Stück für Stück wie ein Puzzle aneinander. Die glänzende Seite zeigt natürlich nach oben. Am besten fängst du an einer Stelle an und arbeitest dich nach und nach voran. In dem Kästchen kannst du deine Fundstücke sammeln oder du legst Schmuck hinein – vielleicht die Steinketten?

# HÖLZERNER ROBOTER

## MATERIAL

- ✿ Äste
- ✿ Steine
- ✿ Eicheln
- ✿ Rinde
- ✿ Kiefernnadeln
  oder Kirschstiele
- ✿ Express-Holzleim

Suche dir viele verschiedene Materialien für deinen Roboter. Zum Beispiel eckige Steine, Rindenstücke oder Äste und setze sie zu einem Roboter zusammen. Lange dünne oder kurze dicke oder auch flache Roboter, Roboter mit Beinen oder mit Rädern, es gibt unendlich viele Möglichkeiten. Du kannst Augen, Schalter oder Zähne ankleben oder auch aufmalen. Manchmal findet man ja auch eine Unterlegscheibe oder eine Schraube, die kannst du auch prima einbauen.

Mit Holzleim kann man eigentlich alle Naturmaterialien gut zusammenkleben. Auch Steine und Holz. Mit Express-Holzleim geht es noch schneller.

# FRECHER KLAPPERAST

## MATERIAL

* Astgabel
* Dekorstifte
* Kronkorken
* Hammer und Nagel
* fester Faden

Suche dir eine schöne Astgabel, die gut in der Hand liegt.

Wenn die Rinde noch glatt ist und sich nicht ablöst, kannst du deine Astgabel direkt bemalen. Ansonsten ist es besser, du löst die Rinde ab.

Mit einem Gesicht kann sie richtig frech aussehen. Du kannst aber auch einen Hirsch daraus machen, dann bilden die Astgabeläste das Geweih.

Lege deine Kronkorken mit den Zacken nach unten und nagle in die Mitte jeweils ein Loch. Benutze eine Unterlage, die auch Löcher abbekommen darf.

Nun bindest du den Faden an der einen Seite der Astgabel fest.

Fädle die Kronkorken auf und binde den Faden straff an der anderen Seite fest.

Das gibt ein richtig schönes, freches Geklapper!

# WILDER INGWERZOO

## MATERIAL

✿ Ingwerknollen

✿ Stifte

✿ farbiges Klebeband

✿ Papier

✿ Zahnstocher

✿ Locher

Einen Ingwerzoo kannst du dir sehr leicht selbst basteln. Alles was du brauchst, sind verschiedene Ingwerstückchen zum Beispiel aus dem Asia-Laden. Sie haben immer eine lustige Form. Du kannst ihnen Augen aufkleben, die du mit einem Locher aus Papier gestanzt hast, oder du malst direkt auf die Schale. Du kannst die Ingwertiere weiter verzieren mit Klebeband oder Stiften, einem Schnabel aus Papier, Beinen aus Zahnstochern oder was dir sonst noch so einfällt.

Der Ingwer wird dabei übrigens nicht verschwendet. Wenn du ihn nach einigen Wochen benutzen willst, brauchst du einfach nur die Schale zu entfernen und schon kannst du dir einen leckeren Ingwertee kochen.

# DANKSAGUNG

Wir danken unseren Söhnen und Männern und allen anderen Mitbastlern und Mitsammlern: Anton, Bruno, Daniel, Elias, Kai, Malika, Flitzi, Henni, Anngret, Elisabeth, Bernd und wen auch immer wir vergessen haben. Ohne eure Fantasie und Unterstützung hätten wir das Buch nicht machen können.

Außerdem vielen Dank an alle Leimtuben, Stiftpackungen und Klebebänder, dass ihr lange durchgehalten habt.

Ein besonderer Dank gilt unserer Natur, die durch ihre unglaubliche Fähigkeit, witzige, knorrige, bunte und wunderschöne Dinge wachsen zu lassen, alle unsere Bastelideen erst möglich gemacht hat.

Berlin, Oktober 2015